빨간색을 싫어하는 딸기가 있었다

진성진 시집

빨간색을 싫어하는
딸기가 있었다

자서

에드워드 호퍼의 그림을 보며
그림이 주는 스토리에 흠뻑 빠졌다
감상하는 이마다 그 스토리가 달랐다
그런 시를 쓰고 싶었다
스토리가 있는 시
읽고 상상하고 느끼고 읽는 이마다 다르게
스토리를 다시 창조하는 그런 시를 쓰고 싶었다
이 시집은 그런 시들을 추려 모았다
다 읽은 뒤 이 정도면 나도 쓸 수 있겠는데 하는
그런 마음이 생기기를 간절히 바란다

진성진

차례

자서

1장

첫눈 · 012
해바라기 · 013
약속 - 봄비와 목련 · 014
구토 · 016
거미줄 · 018
낙엽 · 020
진주 귀걸이 · 022
에버그린(Evergreen) · 024
손끝 · 026
오래된 벗, 망각에게 · 028
고향 가는 길 · 030
항아리 · 032

2장

억새 · 034

그들, 둘만의 찬가 · 036

남은 사랑을 대하는 자세 · 038

벚꽃 엔딩 · 040

주목나무의 사랑 · 042

분리불안증 · 044

사랑 1 - 관심, 관심의 시작 · 047

사랑 2 - 그들은 사랑 중 · 048

빨간색을 싫어하는 딸기가 있었다 · 050

백치 아다다 · 052

그녀 · 054

1+1 · 058

그(Male) · 060

이별 뒤 · 062

3장

습관 · 066

언덕 위에서 · 068

날개의 사연 · 070

물이 끓을 때 · 072

타인 · 074

나에게 주는 선물 · 076

아우라(Aura) · 078

수영 배우기 · 080

비빔밥 · 082

고도를 기다리며 · 084

화양연화(花樣年華) · 086

다이어리 · 088

새벽 공원 · 090

이어폰 · 092

4장

달리기 · 096
작은 새의 죽음 · 099
사월의 모란 · 100
호접지몽(胡蝶之夢) · 102
타임캡슐에 담고 싶은 것 · 104
밤바다 · 106
검은 달 이야기 · 110
카이로스의 시계 - 고장 난 시계 · 112
진정한 시인 · 114
비둘기가 되어 보자 · 116
정화(淨化) · 118
할매와 거북이 · 120
그녀의 사연 · 122
지렁이의 선택 · 124

1장

첫눈

첫 마음이라 그래요

바람 따라 훨훨 날리는 건

가는 길도 모르고

돌아오는 길도 모르고

그저 그대를 향한 마음만 가득한

첫 마음이라 그래요

첫 정이라 그래요

쌓일 틈도 없이 녹아드는 건

따뜻한 미소 한 번에

살포시 잡은 손길에

그저 사라져도 그대 기억은 영원한

첫 정이라 그래요

해바라기

문득 오소서
지나가다 들르듯 오소서
기다리는 마음 아랑곳없이
무심히 오소서

알알이 영그는 씨앗을 세고
길어지는 밤 길이를 재고
찬 서리 냉기를 헤아리며
매일이 같지만 어제와 같지 않을
오늘을 기다립니다

문득 오시는 발걸음에도
스치듯 오시는 발걸음에도
무심히 오시는 발걸음에도

태양을 향한 그리움을 새긴 얼굴을
결코 떨구지 않으렵니다

약속
- 봄비와 목련

가장 초라할 때 다가왔다
메마른 마음이 부끄러움도 잊게 해
앙상한 가지를 그대로 드러내며
고개를 쳐들고 있을 때였다
겨울비는 그렇게 다가왔다

그 차가움이
한없이 내면에만 머물던 내게
뿌리부터 흔들며 깨웠다
사랑한다 고백했다
겨울비는 약속했다
봄비로 오겠다고
지구를 반 바퀴 돌아 서풍을 타고
꼭 다시 돌아온다 약속했다

겨울비의 약속은
이미 아름다운 미래를 선물했다
기다림은 미래를 현재로 데려왔다

따사로워진 햇살

포근해진 바람의

모든 질문의 물음표에

나의 기다림은 느낌표로 답했다

약속처럼 봄비로 돌아왔다

어느 날 변덕스런 서풍에

한결같은 마음을 싣고

그렇게 봄비가 왔다

앙상한 가지에 숨죽여 기다렸던

꽃망울을 열어 하얀 속살을 내어 주었다

미처 가릴 새도 없이

눈부시도록 하얀 속살에 봄비가 부비며

눈물을 뚝뚝 떨어뜨렸다

구토

가장 먼저 눈에 들어온 건
그녀의 붉은 입술이었다
새빨간 립스틱을 갖고 있었던가
얼굴을 다시 봤다
나의 그녀가 맞다

살포시 무릎에 올리는 가방도
못 보던 거다
철수하면 백화점 매출이 떨어진다는
그 브랜드이다

웃는 듯 말하는 듯 입술이 말리면서
붉은 기운이 치아에 물들었다
그 붉은 기운이 점점 뻗어 나와
내 귀까지 도달하지 못하는
그녀의 말들을 대신해 준다

모든 기억들

그녀의 가방보다도 못한 함께한 추억들

분명 시간은 같이 흐르고 있었는데

나는 그곳에 그저 있었고

그녀는 자신을 찾고 있었던 거다

내 앞에 있는 이 여자가

찾은 자신은 내가 아는 그녀가 아니기에

이별을 고함은 아무 의미 없음을

구역감을 참느라 전하지도 못한 채

자리에서 일어나다 결국은

낯선 그녀에게 구토를 했다

거미줄

조숙한 소녀의
집 앞에는
밤마다
거미줄이 드리워진다

아직 가시지 않은
소녀의 젖비린내에도
거미줄은
더 촘촘해졌다

한 겹
두 겹
누벼지는 거미줄만큼
몸만 자란
소녀의 마음에는
그늘이 늘어갔다

나비도

벌도

차라리 외면해 주길

향기도 걷어 내고

피지 않으리라 결심한

꽃이 되어서야

조숙한 소녀는

거미줄을 파고드는 빛

비로소 그 빛을

볼 수 있었다

낙엽

나무의 변심이다

여름의 뜨거움에
모든 열정을 태운
나무의 변심이다

아름답던 몸짓의 식상함
늙음을 지켜볼 까닭 없는
나무의 변심이다

아무리 밀쳐도
나무 곁을
맴도는 미련

바람의 다독임에
그제야 돌이키는
그 걸음이 아련하다

낙엽을 보면

슬픈 마음이 드는 건

순정을 다한 탓이리라

진주 귀걸이

알 수 없는 그리움에

사로잡힐 때에는

슬픔이 따라오기 전에

얼른 달래야 한다

먼저 깊은 고요 속에 잠수한다

그 다음은 그리움을 품고 무겁게

가라앉은 조개를 마주한다

단단한 한(恨)이 되어 가는

그리움을 내치지 않고

제 살을 내어 주는

조개를 추앙한다

마지막 물숨으로

입을 열고

그리움의 실체를

보여 줄 때까지 추앙을 멈추지 않는다

드디어 가슴으로 숨을 쉬며

진주를 받아들고

거울 앞에 섰다

얼굴을 감싸 안은

깊은 고요의 미동으로

진주 귀걸이는 천천히

그리움의 빛을 내기 시작한다

에버그린(Evergreen)

푸르른 잎사귀로는

혹독한 겨울을

이겨 낼 수 없듯이

푸르른 마음으로는

차가운 세상을

견디기 힘들었어요

변치 않는 마음을

원하는 그대에게

변치 않는 마음을

주고 싶었지만

세상 어디에서도

찾을 수 없었어요

그 마음을 이루기 위해

저는 낙엽수가 되었어요

몇 해의 겨울을 견디며

저의 정수(精髓)를

채웠어요

원의 구심점처럼

제 삶의 중심이 되어 버린

그대에게,

그대가 언제든 쉴 수 있는 그늘은

제가 드리는 에버그린입니다.

손끝

마주 댄
한 개의 손끝만으로도
온기가 닿는다

스치듯
살짝 맞닿은
손끝만으로도
마음이 닿는다

어둠 속에서도
손끝의 기억만으로도
너인 줄 안다

너의 손끝만 닿아도
온몸이 저릿한 건

네 마음 조각이

손끝에

가시처럼

박혀서인가 보다

오래된 벗, 망각에게

오늘처럼 종일 내리는 겨울비는 속수무책이다
마음의 앙상한 가지에 그려 놓은 푸른색을 다 씻어 가누나
길가에 쌓였던 낙엽들의 묵혀 가던 그 향기도
이 비가 흘러 어디로 싣고 가누나

오늘 따라 내 오래된 벗, 망각에게 고마움이 들끓는다
네가 내 곁에 있었기에, 지금 여기 내가 있음을

이메일의 휴지통처럼 아픈 기억들은 너에게 쑤셔 넣고
눈에 보이지만 않으면 해결된 듯 그렇게 너를 대했건만
묵묵히 나를 견뎌 주었구나

너는 신이 나에게 준 선물임에 틀림이 없다
잊어버리고 산 기억의 높이만큼 그리움도 쌓였지만
그것조차도 망각, 너에게 신세를 졌구나

내 오래된 벗, 너에게 맡길 아픈 기억들은
이제 더 이상 생기지 않을 테야
너를 떠나서는 살 수 없기에 너의 곁에 머물겠지만
너에게 맡길 기억보다 항상 곁에 두고 누릴 추억을 만들 테야

빗물에 씻겨 사라진 푸른 빛, 드러난 앙상한 가지들이
내 오래된 벗, 망각을 오래오래 떠올리게 한다
오늘 따라, 유난히, 특별히 더

고향 가는 길

덕유산자락 구석구석 두 번을 타고

지리산 둘레길을 세 번 돌아도

순응치 못하던 마음은

마지못해 주인 없이

객만 가득한 그곳으로 향한다

틈새를 잘 막고 있던

망각을 두고 온 탓에

슬픔이 봇물처럼 결국 터져 버렸다

객들은 노래한다

추억을 읊조린다

객1의 추모곡은 도미노가 되어

나머지 객들을 쓰러뜨린다

세월은 그리움을 가져간다는 거짓말,

세월은 함께 못한 시간만큼

그리움을 쌓아두었다

그리움은

웅덩이를 만들고 골을 깊게 파서

슬픔으로 가득 채우고

고향 가는 길을 막는다

객들은 되뇌인다

"고향은 슬픔이다"

항아리

그동안

외롭게 해서

미안해

나만의

너로

길들이고 싶어

무엇이든 담아낼

너라는 걸

알기에

이 가을

나의 고민은

깊어간다

2장

억새

억새밭에
도착해서야 알았다
그대를 두고 온 것을

하얗게 펼쳐진
높은 억새를 보고서야 알았다
가려지지 않는 것
그대의 빈자리

지평선 끝에서 하늘과 만나
반짝이는 억새를 보며 알았다
지구 끝과 끝에 서 있는
그대와 나는
이미 사랑하기로 작정한
사람들이었다는 것을

바람이 길을 내고
밑동을 파고들어

뿌리조차 숨길 수 없을지라도

부디 꺾이지만 말아다오

향기도

화려한 치장 없이도

아아,

탄성을 부르는

억새를 보고서야 알았다

나의 아름다움은

그대로 인한 것이었음을

억새밭을

떠나면서 그제야 알았다

그대 곁에 나를 두고 온 것이었음을

그들, 둘만의 찬가

사랑을 잊은 자들의
회색빛 도시에
사랑의 시대를 알리는
그들 둘만의 음악이 시작된다

서로의 눈빛을 좇아서
나누는 가벼운 눈 맞춤조차
깊은 여운이 자리 잡고

무심한 듯 스치는 손길에도
입술의 따뜻함보다
더 뜨거운 둘만의 열기가 닿는다

말로 표현되는
모든 아름다운 말들이
음악 속에 녹아들어

그들의 알 듯 모를 듯한

감정들에게 말 걸어 주며

다독인다

아름다운 석양의

마지막 열기를

서로의 눈에 담아 주며

그들도 알 수 없는

그들, 둘만의 밤으로

음악은 흐른다

남은 사랑을 대하는 자세

해진 후
서늘해진 공기와
뜨거웠던 한낮의 잔열에서
그대의 체취를 만났다

마른 풀 향기와
새싹을 돋게 하는 에너지가 섞인 냄새
깊은 절망과
사소함이 주는 희망이 공존하는 냄새
통속적인 아름다움보다
익숙히 않은 아름다움에 가슴 떨릴 때 나는 냄새
순수한 열정과
뜨거운 육체가 엎치락뒤치락 휘발하며 나는 냄새

농부의 닳고 닳은 손톱 끝만한
초승달만큼 남은 사랑이라 여겼는데

마을 주민 큰 잔치에 미처 치우지 못한 천막에

별 하나 없는 검은 하늘이 주는 근심으로

걸음이 어색한 저 숙녀의

하루의 수고를 눌러 담은 퉁퉁 부은 무거운 다리를

무심한 듯 바라보는 아빠의 속마음으로

자신도 어색해서 눈도 못 마주치는

장발을 늘어뜨린 청년의 수줍음으로

그렇게 구멍 뚫린 마음을 채우고 있었나 보다

다시 보름달로 자라날 남은 사랑이었나 보다

벚꽃 엔딩

정성들여 피어 올린

꽃봉오리가 만개하듯

정신 차려 눈 맞추면

어느새 커져 있는

사랑이었다

차갑다고 처음으로 느끼던 그날

이미 이별이었다

여운조차 남김없이

꽃잎은 그렇게

바람 따라 떠나갔다

꽃잎 바람이 분다

어린 나이에 알아버린

사랑은 가벼운 진심인 양

바람과 뒹굴다 뒹굴다

지치면 멈춘다

술김에 낯선 이와

보낸 하룻밤보다

못한 사랑이여

기억에서 사라졌다 믿고 싶은

이별의 그날이여

어느새 파릇한 이파리는

사랑의 흔적을 덮고

새로운 인연에

정성을 쏟는다

그 그늘에 살며시 몸을 누인다

주목나무의 사랑

천년을 산들 무엇하리

후원 뒤뜰
그 무구한 세월 동안
내 인연 하나 지켜 내지 못했는데

비조차 피할 만한 넉넉함이 없는
이 내 몸뚱어리는
백년의 세월에도 더디 크고
또 백년의 세월에도 더디 크고

볼품없어 성가셔 하는
부지런한 이가 작정하고
도끼로 찍다가 자루가 부러져도
더디 자란 내 몸을 상케 못 하리
오직 내 마지막 인연에게만 허락하소서

붉디붉은 열매를 따고

슬픔이 배인 핏물 나는 껍질을 벗겨서

수줍어 발개진 속살을 말리고 또 말려서

마지막 인연 곁에 머무르게 하소서

죽어서 천년을 그 곁에 머물게 하소서

새로운 인연은 다시 오고

그리움도 켜켜이 쌓여 가면

지금이 마지막 인연이길 간절히 바라며

하루 같은 천년을 그날까지 또 그리 살아 낼 것이오

분리불안증

길들여졌다

그대에게

결국 그렇게 되었다

내비게이션은

길 안내 경로를 이탈하면

재검색해서 다른 길로 안내해 주지만

그대가

길들인 경로에서 벗어나면

또 다른 길 안내는 없다

길목을 지키는 불안을 마주할 뿐

불안은

꿀벌통을 점령한 말벌처럼

마음을 지키는 문지기들을

하나하나 물어 죽인다

집착이 몰려온다

레밍 떼처럼 몰려온다

바닷가 절벽에 서서

죽음에 뛰어내릴 듯

절박하다

하나가 될 듯

길들였던

그대의 모든 것들이

이제는

누구와도

하나가 될 수 없는

반흔이 되었다

언젠가

그대의 길에서 내려와

분리의 반흔에 입 맞추고

불안과 집착을 움켜잡고

용기의 무게만한 첫걸음을

한 번도 가보지 않은 길 위에 딛는다

사랑 1
- 관심, 관심의 시작

그녀의 소리 없는 발걸음이

무심코 고개를 들었던

그의 눈 속으로 걸어 들어온다

도서관 정적에 녹아든 그녀의 몸짓은

그의 마음속 정적을 흔들며

파동의 중심으로 점점 다가온다

아뿔싸

옆자리 맡느라 올려둔 가방을 치웠어야 했는데

고요한 그녀가

여전한 고요함으로 다시 돌아보기를

그는 눈 질끈 감고 숫자를 세어 본다

사랑 2
- 그들은 사랑 중

그녀의 볼우물에 빠졌다
오른쪽 볼에만 우물을 만드는
비대칭의 아슬아슬함에
그는 줄타기를 시작했다

어떤 날은 잘 잡은 균형으로
그녀에게 직진으로 다가갔다
어떤 날은 기웃거리다
바닥에 던져졌다

그녀 생각은 입가에
미소를 만들고
그녀에게만 반응하는 동공은
줌인, 줌아웃을 반복하다
심미안으로 거듭났다

모든 것의 의미

모든 것의 목적

모든 것의 가치

모든 것이 달라졌다

지금 이 순간,

누구도 알려 줄 수 없는

깨우칠 수밖에 없는

비밀스런 아름다운 행위들을

그들은 사랑이라는 이름으로

학습하고 있다

빨간색을 싫어하는 딸기가 있었다

빨간색을 싫어하는 딸기가 있었다

은밀한 곳에
숨기고 싶은
온몸을 두르는 씨들도
맘에 들지 않았지만
뽀얀 피부가
빨갛게 변해가는 건
정말 끔찍했다

엄마는
뿌리로 흙을 돋아
누울 자리를 살피고
햇빛을 가릴라
이파리를 요리조리
제 자식
제 노릇 못할까
전전긍긍이다

빨간색을 싫어하는 딸기는

양철북의 오스카나

호밀밭의 파수꾼처럼

제 몸을 던져서라도

어른을 멈추고 싶었다

새벽녘

부지런한 농부의 바구니로

사라지게 하는

빨갛게 된다는 건

어른이 된다는 건

이별이었기에

백치 아다다

지난 밤
그녀의 세계는 파괴되었고
그녀의 영혼은 구원받았다

그의 세계로의 초대는
그녀의 세계를
파도처럼 휩쓸고 갔다

그제야 모래성이었음을
다지고 다지면서
무너지지만 말아다오
간절한 기도에도
무너지고 파괴되고서야
모래성의 저주에서
구원받았음을
그제야 깨달았다

그의 세계는 앎이었다

두 눈 감고 두 귀 막고

한 발짝도 나아가기를 거부하던

그녀를 알게 하는 그의 사랑이었다

온전히 자신을 아는 것이

그를 사랑하는 일임을

진정으로 그를 사랑하는 것임을

아다다는 마침내 알게 되었다

그녀

미학에 관심 많다는

그녀의 말에

잘 보이고 싶은 남자는

바움가르텐의 『미학』을 선물했다

그녀의 미학은

에로틱한 상상이었지만

남자는

그녀의 학벌과

품위 없는 엉덩이를 가린 원피스의 실루엣

화장기 없는 청아함에

짐작조차 못했다

그녀는

책의 두께에 질려

표지조차 넘겨보지 않았다

학문적인 접근은 미학적 상상을

방해한다는 말로 얼버무렸다

'에로틱한'이라는 단어는 생략했다

남자여
그녀의 손톱을 보라
한 달에
한 번
세 시간이 넘도록
관리 받는
손톱과 발톱

그녀의
손톱 큐빅의 반짝임은
그녀가 쓴 가면의 숨구멍이었고
그녀의
발톱 큐빅의 무게는
젊은 육체와 뒹굴고 싶은
욕망을 누를 만했다

머리숱 덜 빠진 남자를

만나는 게 목표가 되어 버린 그녀는

큐빅의 반짝임에

날숨을 크게 내뱉으며

오늘도

호텔 커피숍

자동문 앞에 섰다

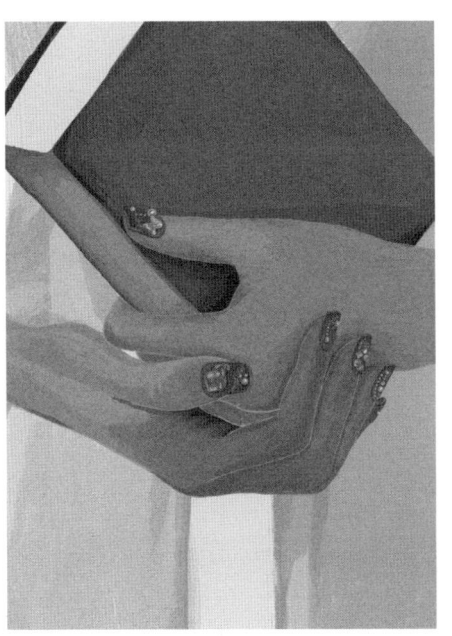

1+1

그는 1+1만
장바구니에 담는다

그녀는 그런 그를 바라보며
며칠 전 그가 몰래 만나는
여자를 멀찍이서 봤던 기억을 떠올렸다

자신과 너무나 닮은 외모에
받았던 충격이 떠올라 시선을 돌렸다
그녀의 착함만 착즙한 무드의 여자

1+1 ……

그녀를 그저 예뻐만 해주는 그의 넉넉함
그가 그녀를 사랑하는 방식이었다

한 개를 다 쓸 때까지
자리를 차지하며 기다릴 나머지 한 개

그녀를 사랑하기 위해

그녀의 모자람을 채우는 나머지 한 개

팬트리에서 쓰임을 기다리는

그 한 개를 볼 때마다

그녀는 생각했다

자신의 부족함 때문에 1+1일까?

그 여자의 부족함 때문에 1+1일까?

나만, 나만, 나만……

오직 나만을 사랑해 달라고

매달리기엔

그녀의 모자람을 채운 존재가

선물한 자유에

이미 길들여진 그녀였다

그(Male)

한때는 연예인이 꿈이었다
그에 적합한 외모는
그 꿈이 당연하게 여겨졌다

지금은 열 살 연상녀의
남편으로 살고 있다
당신이 상상하는 그것, 그게 맞다
가끔 미행을 붙이는 것 빼고
불만은 없다

여자란 나에게 얼마나 미칠 수 있는지
미친 만큼 털어먹을 수 있는
견적서일 뿐이다

얼마 전 그녀를 알게 되었다
견적이 나오지 않는다
어떠한 끼부림도 통하지 않는다
그럴수록 집착이 생긴다

사소한 핑계로
매일 봐야 마음이 놓이고
그녀의 휴무에는
궁금해서 미치겠다

결국 그녀는 폭발했다
그녀의 정확한 워딩은
"어디서 양아치가……"
그녀의 말을 가로챘다
존경하는 마음이 커서
그 마음으로 참겠다고 했다
대견스런 처사이지 않은가

갈 길이 멀다
괜찮다
외로운 그녀들에 비하면
나는 아직 젊다

이별 뒤

남자는
가끔
세수하는 걸
잊어버렸다

이불동굴에서
나온 그대로
문을 나서기도 했다

밥을 먹었는지
화장실에 언제 갔다 왔는지
지금 몇 시인지
날짜?
올해가 몇 년도더라?

사람들이
남자에게 다리를 전다고 했다
남자는 상점 유리창에 비치는

다리 저는 남자를 유심히 바라봤다

아프겠다!

남자는

또 가끔

이불동굴 속에 누워

음악을 들었다

항상 같은 노래였지만

눈물로 얼룩진 베갯잇은

왜 또 젖는지

흐르는 채 그냥 둘 뿐이었다

소중한 것을 잃는다는 건

정말 소중한 것과 헤어진다는 건

이별한 기억을 잊기까지

살아내는 것이다

3장

습관

오늘은
마지막 밤이다
너와 함께하는 밤
잠들고 싶지 않다
시간이 흐르는 걸 지켜보고 싶어

과거로 돌아가
똑같은 상황이었던 그때로 돌아가
더 과거로 돌아가
똑같은 상황이었던 더 과거의 그때로 돌아가
잠들어 있는 나를 바라보았다
지금의 습관이 된 나를 바라보았다

그때 잠들지 않고
시간이 흐르는 걸 지켜보았다면
나를 사랑하지 않는 너를
너의 습관일 뿐인 나를
그냥 흐르는 시간 속 우리일 뿐이었던 그때를

이 밤이 지나면

이 궤도를 떠나련다

잠시 슬퍼할 너는

다른 누군가와 입맞춤하며

정성들여 다시 습관을 쌓을 것이다

언덕 위에서

낙엽 비가
발자국을
지워 버렸다

중력으로 붙잡는
언덕 없이는
어디에도 나는 없는 것 같다

인어공주의 마지막 말을
낮은 바람이 속삭인다
"사랑해"

언덕은 그랬나 보다
먼저의 흔적을 지우고
처음인 듯
낮은 바람 소리로
나에게 속삭이고 싶었나 보다

지워진 발자국을

핑계 삼아

나는 언덕 위에 머문 채

속삭이는 낮은 바람에 귀 기울인다

날개의 사연

한 남자가 난간에 앉아 있다
옥상, 베란다, 복도식 아파트
어디 난간인지 알 수는 없지만
뒷모습이 아슬아슬해 보인다
울고 있는지 웃고 있는지
어깨가 들썩거린다

높은 곳에 앉아 보니
높은 곳이 위험하다는 걸 알게 된 듯하다

남자는 두 발을 탁탁 부딪치며
허공에 떠 있는 두 발이 닿아야 할 곳
높게 오르느라 고생한 두 발이 닿아야 할 곳
어쩌면 찾지 못할지도 모르겠다
소용없을지도 모르겠다

난간에 늘어뜨린 양 팔의 겨드랑이가

간질간질한지 자꾸만 움찔거린다

이제 두 발이 아닌 조금씩 자라고 있는 날개로

날아서 갈 곳을 두리번거리며 찾아야 할지도 모르겠다

날개가 빠져나와서 어깨를 덮는 걸 보니

아슬아슬하게 앉아 있는 난간이

날개를 펼치기에 딱 좋아 보인다

날개를 펼치기에 ……

물이 끓을 때

두려움을 마주본다

그녀의 고통을 함께 하고프다

아무런 도움을 주지 못했던

그때의 내가 아니다

그녀의 사랑이 끓고 있다

뚜껑이 들썩들썩

아무리 꽉꽉 눌러도

증기로 새어간다

그녀의 사랑이 점점 줄고 있다

언젠가 바닥을 보일 듯하다

요란스럽던 들썩임도

그 힘을 다해 간다

그렇게 빈 냄비가 되어
뜨거운 채 내동댕이쳐졌을 때
손을 데어 가며 내 사랑으로 채운다
다시 끓어오르기를 기다린다

끓어오르기 직전 불을 줄인다
식어가는 틈에 불을 높인다
그렇게 남겨지는 내 사랑에
가슴을 쓸어내린다

타인

너의 체취가

발걸음보다

먼저

다가오면

나는 잠시 호흡을 참는다

부

가난

질병

방탕

허영

가식

슬픔

어느 것 하나 판단하지 않을 테다

어떤 편견도 갖지 않을 테다

너의 눈빛 너머

창백한 피부 아래

손끝의 작은 떨림

마음이 손을 뻗어

마음에 노크한다

한 발자욱 더 다가온

너의 체취에

한 번 더 호흡을 참는다

우리의 밤은 아직 오지 않았기에

나에게 주는 선물

오늘
조금
힘들었어요

토닥토닥

나에게 선물을 하려고 해요

뜨겁게 데운 우유는
폭신폭신 거품을 내고
저절로 눈을 감게 하는
커피 향을 맡으며
구름 위를 걷듯
부드러운 방울방울
흐르게 할 거예요

카페라테 한 잔

잠 못 들어도

괜찮아요

달빛에 흐르는

쿵덕쿵덕

절구소리 들으며

서늘한 바람에

훌쩍거려도

어깨를 감싸는

이 무드를

나에게 선물하려고 해요

어쩌면

나보다

힘들었을 그대에게도

달빛에

카페라테 한 잔

따뜻하게 담아 실어 보내요

아우라(Aura)

태생일 리 만무하다

가꾸어졌을 리 또한

만무하다

무리를 떠나

고독을 선택하고

돌 틈의 척박을

두려워하지 않았고

비바람도

그 의지를 꺾지 못했다

존재의 까닭을

그리워하며

기다림

기다림

사랑을 기다렸다

마침내

아아,

저 들꽃의 아우라

수영 배우기

수영모, 물안경, 수영복으로
모두가 평등해지는 공간에 몸을 담근다
실력 차이는 평등의 공간에서
불평을 쏟게도 한다

두 번 물에 빠져 죽을 뻔한 트라우마를
물은 기가 막히게 알아 차린다
세 번째는 기어이 그 목적을
이룰 것 같이 덤벼든다
물 위에 뜰까 봐 아래로 아래로 끌어당긴다
경직된 발차기는 그 자리를 피하지 못하고
차면 찰수록 가쁜 숨에 물이 들어와
유일한 부력의 기능을 마비시켰다

물에 감겨서 가라앉다가 눈을 떴다
죽일 듯이 감아들던 힘을 풀고
부드럽게 감싸 안아
위로 위로 밀어 올려 주었다

자유로워진 팔과 다리를 휘저으며

마지막 숨을 토하며

수면 위로 솟구쳐 올랐다

그때 물이 말했다

"나를 두려워하는 마음은

나의 사랑을 가린단다

용기를 내보렴, 사랑을 느껴보렴"

비빔밥

여보게

부탁일세

내 앞에서는 제발 그렇게

야물딱지게 비벼대지 말게나

제 속살 다 드러내고

정숙(貞淑)으로 가지런히

저와 딴판인 옆 친구도 한 자리

그 옆 친구도 한 자리

빙 둘러 한 그릇을 가득 채우고도

아무도 제 자랑하는 이가 없다네

밑에 놓인 밥알들을 살살 올려

이 나물과 한 숟가락

저 나물과 한 숟가락

한 그릇인데 일곱 그릇인 듯

그렇게 맛보게나

정성스런 손맛으로 조물거렸으니

고추장은 좀 빼게나

참기름도 좀 덜 넣게나

그렇게 꼭꼭 씹다 보면

개성스런 성품들이 오른다네

살다 보면 모든 것들이 뭉개진다네

낯선 이유들이 무뎌진다네

목메던 사랑의 매력들도 잊혀진다네

비벼서 뭉개고 무뎌지고 잊혀지게 말게나

허기진 것은 뱃속이 아니라네

여보게

비벼 먹으라고 비빔밥이 아닐세

과거를 털어 내고 현재를 양념해서

한 그릇에 정성껏 담아내어

미래의 희망과 잘 비벼 보라고 비빔밥일세

허기진 것은 마음이라 안 그런 척 시치미

내 다 알지만 모른 척 두 눈 질끈 감아봄세

고도를 기다리며

차라리 나무가 되는 게 나을 뻔했다
기다림은 그렇게 시작되었어야 했다
세상의 모든 질문들이 리본에 달려
바람에 흔들리다 흔들리다 어느새 날아가게
내버려 두었어야 했다

고도는
젊은 날 이유 모를 그리움이었고
혼자여도 외롭지 않은 고상함을 선물했다
가끔씩 깊은 고독을 던져 주며 슬픔의 근원을 가르치기도 했다

기다림은 그런 것이라고
기다리다 지친 세상의 모든 질문은 힘을 잃고
외려 고도의 안부를 걱정하게 되는 거라고
내일 도착한다는 희망적인 말에
오늘 하루를 살아지게 하는 거라고
내일이 오늘이 되면 내일 도착한다는 말을

다시 반복하고

또 하루 생명을 연장하는 변명거리를 줄 뿐이라고

기다림은 그런 것이라고 했다

옷매무새를 다시 만지고

슬픔으로 눈물진 얼굴을 말갛게 닦고

여전히 고도를 기다렸다

기다림이 습관이 될 즘에

말풍선 속 세상의 질문들이 저요! 저요!

맹렬히 질문하도록 버려둔 채

기다림에 몸을 숨긴 고도를 발견했다

스스로 해답을 찾을 때까지 숨어 있었노라

고백하는 고도였다

화양연화(花樣年華)

시장통에 버려진 다섯 살 아이로
그리 살다 갈 줄 알았습니다
손을 뿌리친 엄마를 밉다 그립다
말하지 못했습니다

들어줄 이 없는 어떤 이들에게는
감정에 이름을 붙일 수 없습니다

그냥 가슴에 담고 살았습니다
그 무게 때문에
보이는 길도 쫓아 살지 못했습니다
차선책이 없는 길은
후회할 수도 없습니다
그럭저럭 그리 살았습니다

노년을 보람된 삶으로 마무리하고자
머나먼 이국땅에 왔습니다

말이 통하지 않는 곳에서

말이 필요 없는 마음으로

가슴 밑바닥

여전히 불려지지 못한 감정들을

하나하나 꺼내어 어루만져주는

여인을 만났습니다

엄마 손을 놓치고

울부짖던 다섯 살 아이의 손을 잡아 주는

여인을 만났습니다

마지막까지 놓지 않을 손임을 알았습니다

나의 좋은 시절은

젊음에서 오는 게 아니었습니다

마음으로 안아주는 이의

손을 잡고 있는 지금이

나의 가장 아름다운 시절입니다

다이어리

사랑을 숨길 마음도 없이
내년 한 해를 함께하자며
설레는 마음까지 보태어
손안에 안겨 준다

천연가죽 표지의 고급스러움이
가슴 언저리를 '탁' 친다
삼 센티미터 두께에
목덜미가 뻐근해진다
빽빽한 줄눈은
한 해를 초 단위로 쪼개어
시간을 부피로 환산하여
내 옆에 차곡차곡 쌓아놓은 것 같다

첫 장의 버킷리스트에는
죽기 전에 하고 싶은 일을 적으란다

경험적으로 이해할 수 없는

자신의 죽음 앞에서

경험하고 싶은 것을 적으라니

잔인하다

살아내는 게 급급한 나에게

꿈꾸고 계획하고 실천하자 한다

무모하고 거침없는 그녀의 사랑만큼

그녀의 선물은 두렵고 공허하다

올해도 다 가기도 전에

내년은 이미 내 안에 똬리를 틀었다

새벽 공원

새벽에
공원에
들어설 때는
마음을 단단히 먹어야 한다

나무
새
꽃
잔디
흙
그들의 냄새
피부에 닿는 서늘한 촉감
러너의 거친 숨소리도 삼키는 공기의 밀도

그 조화(調和)를 깨뜨릴 만한
용기가 필요하다

다행인 건

사람들이 잠자는 동안

제 몸을 단장한 공원은

나의 용기 있는 첫걸음을

기다린다

이어폰

처음에는

인도에 떨어졌다

차바퀴에

튕겨서 밀려서

8차선 사거리 중앙으로

몰렸다

여기 오기까지

나의 의지는

하나도

없었다

노력과

애씀과

최선이

소용없는 공간에 갇혔다

그때

하늘이 보였다

푸르고 높은 하늘

나를 따뜻하게 감싸는 햇살

쓸모에만 충실했고

소중히 여겨 주던

그의 손길에만

집착했던 나날들

어쩌면

흑 비로드 펼쳐진

반짝이는 별을 볼 것이다

어쩌면

구름이 참고 있던

눈물에 젖기도 할 것이다

어쩌면

하얗게 얼어 버린 눈물이

사뿐히 덮기도 할 것이다

타이어 소리끼리

부딪혀 만들어 낸

이 정적의 공간 안에서

나는 온몸으로 생명을 느끼고

굳이 존재의 이유를 묻지 않는

저 하늘의 사랑을 받아들인다

4장

달리기

흙에서 흙으로
이 얼마나 놀라운 말인가

체중을 한껏 실은
한 걸음 한 걸음
땅을 박차면
흙먼지가 부유하며
흙에서 흙으로
흙에서 흙으로
몸짓한다

음악 소리는
귀를 타고 흘러 들어가
호흡소리와 경쟁하다
허들에 걸려 넘어져
다시 일어나지 못하고
그대로 남는다

땀은 머리에서 떨어져

얼굴에서 만나고

그렇게 흘러내리다

몸의 모든 세포에서

짠물이 나온다는 걸

처음으로 안 것마냥

호흡은 땀을 시기하기 시작한다

지적인 대화가 그리운 그대와

영적인 교감이 그리운 나

시소를 타다가

평형의 어느 순간

마주보던 눈짓으로

흐르는 전율을 서로에게 주었던 것처럼

점점 거칠어지는 호흡과

점점 온 몸을 덮는 땀은

그렇게 서로에게

위로와 사랑을

나누며 끝없이 달리게 한다

흙에서 흙으로

흙에서 흙으로

끊임없이 되뇌인다

작은 새의 죽음

작은 새 한 마리가 죽었다

작은 새 한 마리가 차지했던 자리

삼차원의 공간에 균열이 생겼다

사차원으로 가는 길이 그 균열만큼 열렸다

작은 새 한 마리만큼의 통로가 생겼다

작은 새의 죽음을 애도하는

누군가의 기도가

그 통로로 빨려 들어갔다

또 다른 누군가의 슬픔의 기도가

그 통로로 빨려 들어갔다

사차원의 공간에는 기도들이 쌓이고 있다

언젠가 그 기도들이 넘쳐서

차원을 나누는 벽이 봇물 터지듯 허물어질 것이다

작은 새 한 마리의 죽음은 헛되지 않다

다만, 그 죽음을 슬퍼하는 누군가의 기도가 절실할 뿐

사월의 모란

정신을 차려 보니

광야였다

한복판이었다

눈물 없는 울음에도

눈가는 짓무르더라

간절한 마음 무게만큼

꿇은 무릎은 망가지더라

눈부신 사월 햇살에

고개도 못 들고

땅만 보며 다니다

길 가에 얼굴을 들이 댄

사월의 모란과 눈이 마주쳤다

내 얼굴만한 씽긋 웃음에

저절로 내 눈꼬리는 배시시

꽃잎은 바람과 하늘하늘

세 박자 왈츠를 춘다

그 경쾌한 군무에
나를 잠시 벗어나 보니
마음속에 광야가 있었고
마음 밖에 모란이 있었다

그 밤 꿈 속에서
모란과 군무를 추었다
달빛 아래 군무는
마음의 경계를 밟았다

사월의 모란은
그렇게 광야에
홀로 서 있던
슬픈 자에게 말했다

"아름다움을 얼마나 누리느냐가 삶이란다"

호접지몽(胡蝶之夢)

졸음
이 나른함
깨고 싶지 않을 때
장주의 꿈을 꾸어 본다

장주가 나비였을까
나비가 장주였을까

같은 공간
다른 시간에서
장주는 나비로 살고
나비는 장주로 살았을 듯

졸음은
같은 공간에서
다른 시간으로 이끄는 안내자

깨어나라

손짓하는 의식을

살짝 뭉개고 앉아

졸음이 이끄는 대로

나의 나비를 찾으러 떠나 본다

타임캡슐에 담고 싶은 것

장마철 구름을 비집고 잠깐 얼굴 내민
뜨거운 태양은 땅의 수분을 벌컥벌컥 마신다
미처 못 다 마신 수분들은
유리컵 속 맺힌 물방울이 또르르 구르듯
열기를 피해 또르르 숨어 들어간다
그곳에 일곱 빛깔 무지개가 찾아든다
사진을 찍기 전 먼저 말 걸어 본다
아름다움의 시작은 어디서부터인지

맛집으로 유명한 식당에서
잘 차려진 한 상을 받고 보니
보기 좋은 음식의 화려함을
사진에 담으려다
산에서 들에서 바다에서
수고한 손길들을 담을 수가 없구나
생명을 길러 낸 정성에
감사기도로 그 은혜를 돌려준다

너의 아름다운 얼굴

반짝이는 생기를

지금 이 순간의 너를 기억하기 위해

열심히 사진으로 남기고 있지만

정말 담고 싶은 것은

너를 사랑하는 내 마음이란다

시간이란 변덕으로 변해 버린 그때에

사랑하는 이 마음을 다시 훔쳐 올 수 있도록

영원히 너를 사랑하기 위해

밤바다

깊은 밤

바다에 나갔어요

뜻밖에도

바다는 잠들어 있었어요

조심스레

그 곁에

조그만 몸짓으로 앉아 있었어요

아내를 여읜

어떤 남자를 생각했어요

갈 곳 잃어 허공을

떠다니던 눈빛이

검은 바다만큼 짙었어요

슬픔을 넘은

어린 자녀를 향한 의지는

그의 평생을 이끌

지혜가 되어 줄 것 같았어요

어릴 적

사진 같은 한 장면

어미를 잃은

배고픈 아기 고양이를 물어다

자신의 젖으로

네 생명을 살렸던 마당 개

그 미물의 지혜가 떠올랐어요

그렇게

간구했던 나의 지혜는

미처 자리 잡지 못한

저 갈매기의 날갯짓처럼

헛된 것이었음을

사랑 없는 지혜가

스스로를

플러팅하며

유혹하는 시대에

잠자는

바다 곁에

조그만 몸짓으로

바다의 일부가 되어

진정한 지혜를 담아 올렸어요

검은 달 이야기

아주 옛날

달은 두 개였다

검은 달과 하얀 달

검은 달은 매혹의 달이었고

하얀 달은 희생의 달이었다

사람들은 검은 달을 더 사랑했다

매혹당한 자들은 검은 달을 바라보며

춤을 추었다

검은 빛은 일렁이며 그들의 음악이 되었다

매혹당한 자들의 춤은 멈출 수 없었다

그 열정을 달리 표현할 길 없던 매혹당한 자들은

죽음의 길에 줄서기 시작했다

검은 달은 그들의 죽음을 바라보며

자신의 매혹을 저주하기 시작했다

자신을 미워하기 시작했다

결국 자신의 죽음만이

그들을 멈추게 할 수 있음을 깨달았다

죽어가는 검은 달을 슬퍼하던 하얀 달은

검은 달을 품기로 결심했다

하얀 달은 조금씩 검은 달에게 자신을 내어 주었다

매일 조금씩 내어 주던 하얀 달은

반달이 되었다가 초승달이 되었다가

그렇게 모양을 달리하며 검은 달의 기억을 간직했다

매혹당했던 기억을 여전히 간직한 자들은

검은 달이 온전해지는 개기월식에

검은 달을 바라보며 춤을 추었다

오늘 밤

초승달이 된 하얀 달의 희생을 다독이며

검은 달의 매혹을 추억해 본다

카이로스의 시계
- 고장 난 시계

우주를 2D로 새긴 손목시계였다

작은 바늘은 일차원에

긴 바늘은 이차원에

따로 따로 걸쳐 있었다

그랬다

모두의 시간을 모르는 것 같았다

그 개성의 매력에

나도 모두의 시간을 잊어 갔다

링 위에서 3분

그대와 통화 3분

컵라면의 3분

물 속에서 3분

시계에 갇혔던 3분이

체감의 시간으로 스미었다

째깍째깍 시계의 꼭두각시 줄에 모두 매여 있다

생체의 시간도 줄 놀음에 내어 줄 거야?

결단은 가끔 아주 가끔 철들 때 두드린다

반갑게 문 열어 줄 용기는 언제 생길까?

나의 시간은 내가 정해도 될까?

모두가 달리는 시간에서 내려올 거야

가빴던 호흡을

깊은 호흡으로 한 번 내쉬고

몸속의 시간을 깨울 거야

표준시를 한 번도 따른 적 없는

고장 난 손목시계는

광활한 우주의 한 모퉁이를 보여 주며

시간을 넘어와 여기에 있으라 한다

그것만이 진짜 존재이고 사랑이라 속삭인다

진정한 시인

청소부라고 자신을 소개했다
이른 새벽 아무도 없는 거리를
청소하는 게 가장 좋다고 했다
여름에는 시원해서 좋고
겨울에는 별을 볼 수 있어서 좋다고 했다
사람들은 그 희생을 칭찬했다

그의 마음에 흐르는 시를 보았다
어둑한 거리를
그의 마음의 운율에 맞추어
빗자루소리가 덮고
소리에 씻긴 거리는
점점 떠오르는 햇살에
속살이 드러나도
부끄러워하지 않게 했다

그가 머무는 곳은

그의 시로 덮인다

그 거리를 지나는

모든 이들의 마음에도

그의 시가 스며든다

사람들은 그의 박봉을 안타까워했지만

영원할 것 같은 그의 시는

세상 어떤 부자보다

행복하게 해준다는 걸

삶으로 써내려 가는 그의 시를 보고 알았다

비둘기가 되어 보자

비둘기가 되어 보자

고개를 주억거리며

뒤뚱뒤뚱 걸어 보자

친절한 식당주인이 던져 주는

음식들은 매일 먹어도 질리지 않는다

살집으로 도톰해진 가슴팍은

날개를 끌어 당겨 나는 법을 잊게 한다

딱 새벽 밝기의 태양 같은

오늘의 보름달은

머리부터 꼬리까지 윤기 나게 기름을 발라 주며

하얗게 반짝이는 가슴을 당당하게 내밀게 하더니

굴곡진 그림자의 실루엣에

숨어서 지켜보던 고양이를 머쓱하게 한다

비둘기가 되어 보니

그대인들 못 되랴

원심과 구심이 힘겨루기 하다가

터져 버릴 것 같은 오늘의 보름달에게

그대가 되고픈 소원 한 가지

보름이면 그리움이 사무치도록

보름달의 기운을 심어 둘 테야

정화(淨化)

밤에서 새벽으로 가는

모든 공간에는

정화수(井華水) 한 그릇

올려진다

네온사인 휘청대는

도시의 뒷골목에도

정화수 한 그릇

올려졌다

존중 없이 길 위에 치이는

그들이 낭비한 감정을 줍고

환상에 빠져 생명력 잃고

감각만 꿈틀거리는 그들의 욕망을 잡은

그녀의 마른 살갗은

차가운 바람에도 얼지 않기에

결코 식지 않는 뜨거운 손으로

눈물 마른 울음 한 방울 섞어서

정화수를 올렸다

정화수 한 그릇에 담긴 기도를 안고

도시를 감싼 물안개 머무는 그곳으로

그녀의 숭고한 걸음은 사라졌다

그렇게

오늘도

도시는 살아남는다

할매와 거북이

거북아 거북아

헌 집 줄게 새 집 다오

거북이가 아니라 두꺼비라요

울 할매 보청기는 듣고 싶은 것만 듣는다요

12평 임대아파트에

1평 고무다라이가 말이 돼요?

거북이라도 너른 집에 살게 해 주자

나는요? 할매, 나는요?

울 할매 보청기는 듣고 싶은 것만 듣는다요

큼지막한 돌에 모래도 깔아주고

보조기 끌며 종일 주워온 걸로

거북이집 꾸미게요?

거북아, 거북아

헌 집 줄게 새 집 다오

할매, 거북이가 아니라 두꺼비라요

울 할매 보청기는 듣고 싶은 것만 듣는다

그녀의 사연

한 여자가 계단에 앉아 있다
내려가다 앉았는지
오르다 앉았는지
스치는 눈길 따위 안중에도 없다
그녀와 눈이 마주친들 허공에 뜬 초점에서
아무것도 건지지 못할 것이다

떠나는 자를 따라나섰을까
돌아올 이를 기다리는 걸까
담배 연기는 그녀를 감싸고
어떠한 친절도 허용할 생각이 없다

어쩌면 여왕벌인 그녀는
꿀벌들을 기다릴지도 모른다
특별한 돌봄을 받아왔기에
혼자가 된 넋을 달래는 중이겠다

누군가 다정하게 말해 주길

가장 궁금해할지도 모를

그녀가 여왕벌이 된 이유를

그때는 밍기적거리던 필연도

우연이라 믿고 있는 그녀의 운명에

빨간 딱지를 붙일 것이다

지렁이의 선택

심장이 열 개라 속 시끄럽다

심장에 새겨진 기억이 다 달라 더 속 시끄럽다

이럴 때는 육신의 고행이 필요하다

고뇌에 빠진 뇌는 결단을 실행한다

슬금슬금 기어서 흙을 뚫고

정오의 태양을 향해 나아간다

본성을 거스르는 고통이

뇌에서 비명을 질러대면

그제야 짓눌린 심장은 잠잠해진다

살기 위해 죽음을 선택해야 할 때도 있다

오죽하면 죽기를 각오할까

이 와중에 눈치 떨어진 심장이 한 마디 한다

"밟으면 꿈틀거리는 게 아니라 꿈틀거리면 밟히는 거야"

다시 심장들이 두근두근 와글와글

온몸의 습기가 마르든 말든

열 개의 심장들은 과거의 경험들을 떠드느라 바쁘다

죽기를 각오한들 안 될 때도 있구나

돌이킬 수 없도록 저 길을 건너자

몸이 자꾸 오그라들어 꿈틀거림이 격해지지만

방향만 잃지 않는다면 ......

그때 커다란 작업화가 덮쳤다

모든 것이 멈추었다

속 시끄러움도, 꿈틀거림도,

신경에 올라탄 비명소리도

마지막 남은 호흡을 내쉬며

꼭 그래야만 했을까

이 방법밖에 없었을까

뇌의 고뇌는 여전히 진행 중이다

빨간색을 싫어하는 딸기가 있었다

2024년 8월 25일 초판 1쇄 발행

지은이 | 진성진
편집 　| 이만옥
디자인 | 지화경
펴낸이 | 이문수
펴낸곳 | 바오출판사

등록 | 2004년 1월 9일 제313-2004-000004호
주소 | 고양시 일산동구 일산로205 204-402
전화 | 031)819-3283 / 문서전송 02)6455-3283
전자우편 | baobooks@naver.com

ⓒ 2024, 진성진

ISBN 978-89-91428-72-0 03810